Renate Schmidt

DIE FREMDE FINDEN

... y los hacía estar juntos aun cuando estuvieran separados.
... und ließ sie noch zusammen sein als sie schon getrennt waren.

Das Zitat auf der Buchrückseite stammt aus:
Belli Gioconda: Waslala-anamá Ediciones, 2007, S. 223

© Erlanger Verlag für Mission und Ökumene, Hauptstraße 2, 91564 Neuendettelsau
Neuendettelsau 2014

Umschlaggestaltung: Susanna Endres, Nürnberg, nach einer Idee von Renate
Schmidt
Satz: Susanna Endres, Nürnberg
Druck und Bindung: CPI buchbücher.de, Frensdorf
ISBN 978 3 87214 549 9

www.erlanger-verlag.de

Für dich

Übersichtskarte: Nicaragua

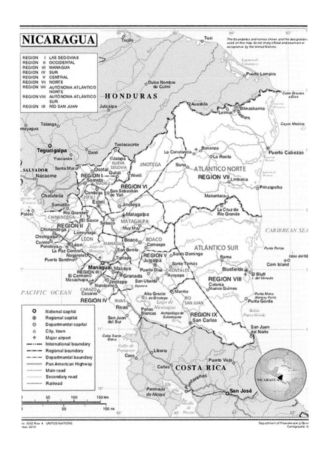

INHALT

Und ob ihr mich von Herd und Heimat triebt
Noch eh ich wusste, wie die Winde wehen,
und ob ihr mich von Herd und Heimat triebt,
ich muss im Fernen nicht im Fremden gehen
und muss nicht bang sein, mir kann nichts geschehen,
seit ich begreife wie mich alles liebt.

Rainer Maria Rilke

Die Fremde suchen

Was wusste ich, bevor ich in der Fremde angekommen war? Und dann ...

Ich wusste:
In Nicaragua wird eine andere Sprache gesprochen. Das Klima ist tropisch, also grundverschieden zu unserem Klima. Mais und Bohnen, hieß es, seien täglich auf dem Speiseplan.

Da ich viel über Nicaragua gelesen hatte, hatte ich Einblick in die Geschichte des Landes. Ich habe mich informiert über das Wenige, was über das Leben vor der Kolonialisierung bekannt ist, sowie über die Jahrhunderte der spanischen Besatzung. Die nachfolgende Unabhängigkeit von den Spaniern ist wohl dokumentiert. Das 20. Jahrhundert brachte dem Land viel Leid und Entbehrung, Fremdbestimmung und Krieg. Doch konnte man sich davon befreien.

Heute wechseln sich die Regierungen ab. Die Liebe zur Demokratie hat bei keiner Partei bislang richtig Fuß fassen können.

Bevor man in der Fremde angekommen ist kann man wissen, dass Nicaragua mit Armut, Analphabetismus und Arbeitslosigkeit zu kämpfen hat, und dass Drogen und Gewalt ein Dauerthema sind. Wohin mit dem Müll?

Die Kinder gehen in die Schule, die Lehrer sind schlecht bezahlt. Es gibt Krankenhäuser und Apotheken. Untersuchungen sind kostenlos.

Man kann lesen, dass Nicaragua ein wunderschönes Land ist, ein Reiseland mit ebenmäßigen Vulkanen, tätigen und untätigen. Mit einem Meer zur Linken und einem zur Rechten und unvorstellbar großen Seen, deren einer Paradiesinseln anzubieten hat. Die Süßwasserhaifische sind schon lange nicht mehr gesichtet worden. Im

Urwald gibt es... Auf dem Río San Juan fuhr man, von Europa kommend, – aus Granada? - nach Granada. Man hätte gerne statt des Flusses einen eigenen San Juan-Kanal.

Nicaragua wird in regelmäßigen Abständen von Naturkatastrophen heimgesucht. Die weltweiten Hilfsgelder zur Linderung der Not kommen nicht in ihrer gesamten Höhe zu den Bedürftigen.

Die Nicaraguaner lieben ihre zahlreichen Dichter und alle können Gedichte von Rubén Darío auswendig.

Was wäre Nicaragua ohne Baseball?

Es gibt Indianer in Nicaragua. Wenige. Und Fremde mit fremden Sprachen, die aus allen Himmelsrichtungen nach Nicaragua kamen. Manche bleiben, manche gehen wieder. Und umgekehrt verlassen, meist unfreiwillig, Nicaraguaner ihr Geburtsland. Sie suchen im Ausland Arbeit und unterstützen ihre Angehörigen.

Es gibt viele Kinder.

Die Fremde Finden

Analphabetismus

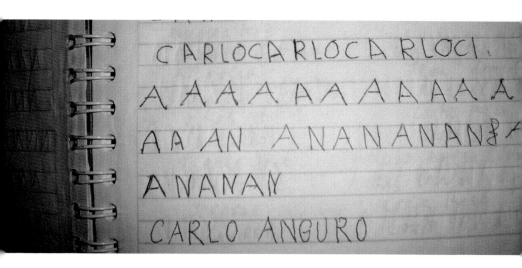

El sol de la educación

¡Maestra! Después de Dios
y de nuestros padres, que
nos brindaron vida y fe,
lo debemos todo a vos.
Lleváis la pesada cruz
Del duro trabajo, pero
Nos guiáis por buen sendero
Y nos hacéis ver la luz.

(Rubén Darío)

Die Sonne der Bildung

Lehrerin!
Nach Gott und unseren Eltern,
die uns Leben und Glauben
schenkten, schulden wir alles euch.
Ihr tragt das schwere Kreuz
der harten Arbeit,
aber ihr führt uns auf rechtem Weg
und lasst uns das Licht sehen.

El libro

Y ¿que es el libro? Es la luz;
Es el bien, la redención,
La brújula de Colón, la palabra de
Jesús.
El libro es fuerza, es valor,
Es poder, es alimento;
Antorcha del pensamiento
Y manantial de amor.
(Rubén Darío)

Das Buch

Und was ist das Buch?
Es ist das Licht;
es ist das Gute,
die Auferstehung,
der Kompass von Kolumbus.
Das Wort Jesu.
Das Buch ist Kraft,
ist Mut,
ist Macht,
ist Nahrung;
Fackel des Gedankens und
Quelle der Liebe.

Ich habe Don Francisco gebeten, mir einen Tisch zu zimmern. An ihm sitzen wir, Carlos Angulo und ich, bei Kerzenschein unter dem immergrünen Laubbaum Nim. Mit gutem Gewissen am Tropenholztisch. Er ist aus Quebrachoholz. Dieser Name bedeutet „Axtbrecher", denn legte man die Axt an ihn, er würde sie zerbrechen. Holz schwimmt immer. Nicht so meine 10cm dicke Tischplatte, sie geht im Wasser unter. Jetzt tat es mir Leid, dass ich, ungläubig, auf diesem Versuch bestand.

Und weil Carlos nun mal Carlos heißt, beginnen wir, methodenlos, uns den Buchstaben seines Vornamens zu widmen. Ich bin es, der seinen Namen lange Zeit falsch schreibt. Ich vergesse das End-s, da es nicht ausgesprochen wird. Was würde der spanische König dazu sagen, wenn seine Untertanen noch nicht mal seinen Namen schreiben könnten! Aber würde er auch erkennen, dass das in der Verantwortung der Regierenden liegt?

Carlos Angulo aus Nicaragua ist 34 Jahre alt. Er kann weder lesen noch schreiben. Zusammen mit seinem Bruder war er ein Straßenkind. Sein Bruder hatte Glück. Ihn griff eine italienische NGO auf und er lernte Marimba spielen. Er trat mit großem Erfolg in Italien auf. Carlos wollte niemand.

Es regnet. Wir sitzen im Haus. Carlos zeigt zu den Dachbalken, über die Fahrradschläuche hängen. Er sagt, wenn seine Mutter stirbt, dann, und mit einer Kopfbewegung und einem Kussmund, eine Geste, die in Nicaragua die Richtung angibt, zeigt er zum herabhängenden Gummi, dann würde er ihn verwenden, um seinem Leben ein Ende zu setzen.

Es kommt noch schlimmer, denn er sagt auch. „Es wäre besser, ich wäre nie zur Welt gekommen".

Wir machen uns an seinen Nachnamen.
ANGULO. L – R - L – R – L ...

Busfahrt

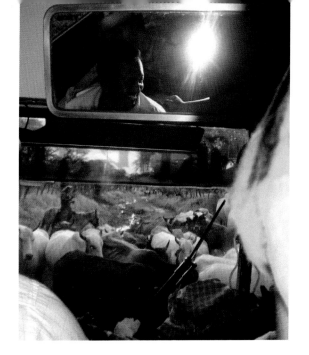

Der Tourist sieht es als Abenteuer oder auch als unzumutbar an, was hier manche Busfahrt ihm abverlangt. Der Einheimische nimmt hin. Sehr häufig stehe ich über lange Strecken eingezwängt zwischen meinen Mitfahrern. Es ist nicht möglich dem Aufruf „*adelante, más adelante*, rückt auf, hinten ist noch viel Platz", Folge zu leisten, denn niemand kann sich auch nur einen Millimeter bewegen, geschweige denn bis zum mitreisenden Federvieh durchdringen. „Sollen wir uns auf lebendige Hühner setzen?", ruft ein Reisender, und ein anderer „fahr langsam, wir wollen noch ankommen, wir sind noch jung!". Die Hühner, die von den Gepäcknetzen mit pendeldem Hals nach unten durch die Gitterstäbe hängen, über den Köpfen der Sitzenden, sehen nicht gut aus.

Das Schwein ist heute auf dem Dach. Ich will es kurz machen, es war schwierig es auf das Dach des Busses mit Hilfe des Strickes hochzuziehen. Es schrie zum Erbarmen. Und als man es hinunterließ war es vor Angst ganz still. Ich hoffte, dass es wieder vergessen hätte, als es wieder auf der Erde war, was es schon einmal

13

 wusste, dass es nicht mehr lange leben würde.

Aber vielleicht wollte es unter diesen Umständen auch gar nicht älter werden. Ich hatte leider diesen Eindruck und ich ging nicht von mir aus.

Es ist wieder sehr heiß. Und wir stehen wieder im Bus. Meine Cola habe ich schon vor der Abfahrt getrunken. Jetzt ginge es auch nicht mehr, wir stehen zu eng. Aber immerhin bin ich nicht auf dem Dach wie Leo und seine Freunde. Es regnet nämlich in Strömen. Wir fahren durch die Nacht. Wir müssen mehrere Flüsse durchqueren. Sie sind stark angeschwollen. In der Zeitung stehen diesbezüglich viele traurige Unglücksfälle.

Wir haben Glück im Unglück. Unglück: Wir bleiben mitten im Fluss stecken. Wir müssen alle mit unserem gesamten Gepäck aussteigen, in den Fluss hinein, der mir bis weit über die Knie reicht. Der Schirm ist bei diesem sintflutartigen Regen unnütz. Ja, wir, weit über hundert Menschen, in dunkler Nacht am Wegrand stehend, sind augenblicklich nass bis auf die Haut. Es dauert Stunden, bis der Ersatzbus kommt. Wir fahren weiter und gehen um 1.00 morgens, blind, durch die schwarze Nacht nach Hause. Ich nehme den Regen nicht mehr wahr. Gegen 2.00 morgens gibt es ein wunderbares Essen.

Glück: Wenn der Bus umgekippt wäre, wären wir ertrunken. Theatralisch, mit Salsamusik in voller Lautstärke.

14

Campesino

Der Traktor sind zwei Rinder im Joch. Viele Campesinos aber haben weder Land noch Rinder, sie müssen Land pachten und ein Ochsengespann bezahlen. Da ist die Hoffnung groß, dass die Maisernte reichlich ausfallen möge, denn der Verpächter will rechtzeitig sein Geld sehen. Einige Campesinos bauen auch Sesam an. Ist er reif, wird er mit der Hand geschnitten und in kleinen Sesammännlein aufgestellt, gleich den Heuhocken bei uns. Er muss einige Tage trocknen, oft gar mehrere Wochen. Eine schwierige Zeit, denn Diebe warten schon und versuchen, die gesamte Ernte zu stehlen. So bleibt keine andere Wahl, als mit der Hängematte loszuziehen und neben dem geernteten Sesam zu schlafen. Allen Sesam konnten wir nicht bewahren, eines Morgens war ein schmerzlicher Teil spurlos verschwunden.

Der Sesam, auf der mit ihm bestreuten Semmel in der Bäckerei, 12.000 Kilometer von hier entfernt, dem man so viel Zuneigung angedeihen ließ und so umsorgte, wird mich unvermeidlich an mein Sesammännlein erinnern, das ich so schlecht zu verteidigen wusste. Ich summe „Ging heut morgen übers Feld" von Gustav Mahler. Dieses wunderschöne Lied hat hier sicher noch niemand gesungen, aber ich finde, es passt gut hierher.

Die Rinder werden, wenn es dunkel wird, in den Korral am Haus gebracht, und dennoch gelang es Dieben auf unserer Finca zwei erwachsene Tiere und ein Pferd zu stehlen. Als wir sie am frühen Morgen suchten waren die Kühe sicher schon im nahen Honduras geschlachtet und verkauft. Und das Pferd hatte einen neuen Eigentümer.

Wie viel Milch gibt eine Kuh? Eine unserer Kühe? Zwei Liter. Selten mehr, eher ein bisschen weniger. Wer kein Land sein eigen nennt und als Tagelöhner arbeitet, so er denn eine Arbeit findet, erhält für sechs Stunden Feldarbeit 50-60 Córdoba, in etwa 1.80 €. Länger kann nicht gearbeitet werden, es wird zu heiß, unerträglich heiß. Aber es gibt ein Mittagessen zum Lohn. Reis, Bohnen, ein Stückchen salzigen Käse, zwei Tortillas. Eine Tasse Kaffee darf nicht fehlen. Alle essen mit Heißhunger.

In der Sommerzeit, von November bis April, entvölkert sich Nicaragua regelmäßig. Viele Männer gehen in die Nachbarstaaten Honduras, El Salvador und Costa Rica, um ihren Familien mit ihrer Hände Arbeit ein Überleben zu sichern. Manchmal kommen sie nicht mehr zurück und man hört niemals mehr etwas von ihnen. Man wird nicht erfahren, ob sie der Verpflichtung, Geld zu schicken überdrüssig geworden sind, oder das Opfer von Kriminellen wurden. Mexikanische Gangs rekrutieren seit längerer Zeit Arbeitswillige auch in Nicaragua, indem sie ihnen nicht existierende Arbeitsangebote machen, dann sie jedoch für ihre grauenhaften Zwecke missbrauchen.

Pass auf dich auf, Jaime, der du immer wieder losziehst, um deiner Frau und deinen fünf Kindern mit finanzieller Unterstützung beizustehen. Die emotionale Unterstützung ist längst zu Bruch gegangen. Nein, er vermisse in Honduras weder seine Frau noch seine Kinder. Ist es seine Schuld?

Culto

1. Zu der Zeit ging Jesus durch die Saat am Sabbat; und seine Jünger waren hungrig, fingen an, Ähren auszuraufen, und aßen.

2. Da das die Pharisäer sahen, sprachen sie zu ihm: Siehe, deine Jünger tun, was sich nicht ziemt, am Sabbat zu tun.

3. Er aber sprach am Sabbat zu ihnen: Habt ihr nicht gelesen, was David tat, da ihn und die mit ihm waren, hungerte?

4. Wie er in das Gotteshaus ging und aß die Schaubrote, die ihm doch nicht ziemte zu essen, noch denen, die mit ihm waren, sondern allein den Priestern?

5. Oder habt ihr nicht gelesen im Gesetz, wie die Priester im Tempel den Sabbat brechen, und sind doch ohne Schuld?

6. Ich sage aber euch, dass hier der ist, der auch größer ist denn der Tempel.

7. Wenn ihr aber wüsstet, was das sei: „Ich habe Wohlgefallen an der Barmherzigkeit und nicht am Opfer,"- hättet ihr die Unschuldigen nicht verdammt.

8. Des Menschen Sohn ist ein Herr auch über den Sabbat.

Pastor Gerzan legt den Bibeltext nicht alleine aus, er fragt uns, wie wir ihn verstehen. Viele melden sich und haben etwas, wortgewandt, zu sagen. Ich spüre, dass die Gottesdienstbesucher aus Erfahrung sprechen, von Hunger etwas verstehen, von Unbarmherzigkeit und der Sehnsucht nach Barmherzigkeit. Und sie sprechen davon, dass sie das, wonach sie suchten, gefunden haben. Sie glauben an Christus als Begleiter ihres Lebensweges und darüber hinaus.

Wir singen zwei Strophen des:

Canto de Meditación

I

Antes que nazca el día los pajaros del monte
Nos dan sus melodías, los güises y zenzontles;
El picotear sonoro de un carpintero se oye
Que en la punta de un árbol su casa construye
Donde va a vivir, y un gorroncillo salta
De una rama a otra muy cerca de allí

II

Como estos pajarillos, hoy te canto, Señor,
Pidiéndote nos unas en fuerza y en amor.
Te alabo por mil veces porque fuiste rebelde,
Luchando noche y día contra la injusticia
De la humanidad.

Ich fasse zusammen:

Noch bevor der Tag beginnt fangen die Vögel zu singen an. Genauso wie sie singe ich Dir, Señor. Ich bitte, dass Du uns vereinst in der Kraft und in der Liebe. Ich lobe Dich tausend Mal, weil Du ein Rebell gewesen bist, Tag und Nacht gegen Ungerechtigkeit der Menschheit gekämpft hast.

Es gibt für alle eine Tasse Kaffee, kommenden Sonntag sogar ein Mittagessen nach dem Gottesdienst, schließlich ist Reformationsfest.

Gallo Pinto

Warum das Nationalgericht Nicaraguas „Bemalter Hahn" heißt ist unbekannt. Einige sagen, der Name käme von seiner blutroten und weißen Farbe, die der eines Hahnes mit farbenprächtigen Federn gleiche.

Es gibt aber auch die Legende:

Es war einmal ein reicher Farmer, Don Alfredo. Sein ganzer Stolz war sein bunter Hahn, den er zum Verzehr mästete. Don Alfredo prahlte mit der Größe seines Hahnes, wenn er jemand auf der Straße traf und lud alle zum großen Festessen ein.

Nun war der Tag gekommen, und da Don Alfredo so gut wie jeden im Dorf eingeladen hatte, kamen sie alle herbei, in der Hoffnung, ihren Anteil des berühmten Hahnes zu erhalten.

Als Don Alfredo sah, dass sich sein Hof mit Dorfbewohnern füllte, bemerkte er sogleich seinen Fehler. So fett auch sein Hahn war, er könnte nicht alle satt machen. So eilte er in die Küche und sagte den Köchen, sie sollten den Gästen Reis und Bohnen servieren, so müssten sie wenigstens nicht hungrig nach Hause gehen.

Die Dorfbewohner waren verständlicher Weise nicht begeistert. Es wurde ihnen ein Hahn versprochen, und stattdessen bekamen sie Reis und Bohnen.

In den Tagen nach dem Fest machten sie sich über Don Alfredo lustig und fragten einander: " Hat dir Don Alfredos bunter Hahn geschmeckt"?

So kam er zu seinem Namen.

Zutaten

300 gr. Rote Bohnen
2 Zwiebeln
300 gr. Reis
1 Paprika
Öl
Sauerrahm
Englische Soße

Ein ungekochtes Essen ist kein richtiges Essen für jemanden, der im südlichen Amerika geboren wurde. Nach dem Hotelfrühstück, ein Tässchen Kaffee und ein süßes Gebäck, ich war es zufrieden, ging ich mit María auf Frühstückssuche:

Gallo pinto musste es sein, sonst wäre der Tag nicht reibungslos verlaufen.

Wie sagte einst eine Freundin zu mir: „Am konservativsten sind die Menschen mit dem Frühstück". Sollte es ein Zeichen sein, dass ich irgendwann begann meiner Nationalität untreu zu werden und ebenfalls Reis und Bohnen, das Gekochte dem Rohen, Ungekochten, vorzog. Zu jeder Stunde.

Gefängnis

Im Gefängnis bei Granada sitzen 1000 Häftlinge. Männer. Wir kommen mit dem Bücherbus, einem der beeindruckendsten gelungenen Entwicklungsprojekte, nicht nur in Nicaragua. Elisabeth Zilz hat ihn, zusammen mit einer wunderbaren Bibliothek, in den 80-iger Jahren ins Leben gerufen. Knapp 90-jährig ist sie im August 2012 in Frankfurt gestorben.

Das Gefängnis könnte für jeden spannenden Actionfilm dienen, der ein Gefängnis benötigt, z.B. für eine Ausbruchsgeschichte. Es handelt sich um ein viereckiges Areal, das man, bevor es gebaut wurde, erst roden musste, lichten vom Urwald. Würde eine Flucht über die viele Meter hohen Mauern gelingen, weil die Wächter in ihren Wachtürmen, je einer auf jeder Mauerseite, ihrer Pflicht nicht nachkommen und im Schlaf ihr Geld verdienen, wäre die Chance groß, im Dickicht des Waldes oder der Stadt unterzutauchen. Sollten die fliehenden Häftlinge vergessen haben, wie so manches in ihrer langen Haftzeit, dass ein doppelter Mauerring zu überwinden ist, wären sie zum Scheitern verurteilt.

Ich gebe, wie wir alle, meinen Pass ab, Handy, Fotoapparat. Die Leibesvisite ist flüchtig. Jetzt sind wir hinter den Mauern, im Gefängnis. Auf einem großen freien Raum stehen einige flache Gebäude. Männer gehen auf und ab, alleine, zu zweit, in Gruppen. Ein Filmemacher würde an diesem Punkt sicher eingreifen und einheitliche Kleidung vorschreiben, die Wirklichkeit hält sich an die Allerweltsmode, die eigenen Jeans und das eigene T-shirt. Ich frage mich, wer ist Wärter, wer ist Gefangener? Nach einer Weile erkenne ich, was frei macht: Ein weißes Hemd.

Die fahrende Bücherbibliothek steht an ihrem gewohnten Platz. Man kommt und reiht sich ein, gibt Bücher ab, nimmt andere mit. Ein junger Mann, wie ich finde bildhübsch, hilft mir die Ausleihliste auszufüllen, und wir tragen ein, in welcher Zelle der Bücherwurm schläft. Zelle 1, Zelle 8, Zelle 3. Folglich schlafen über 100 Menschen in einer Zelle. Das hatte ich mir anders vorgestellt.

90% aller Häftlinge, heißt es, sitzen wegen Drogen ein. Ich frage meinen Helfer, ob auch er wegen eines Drogendeliktes verurteilt sei. "No, por homicidio". „Nein, wegen Mordes".

Zu 30 Jahren wird man in Nicaragua im Mordfall verurteilt, und erst seit kurzem fasst man Änderungen ins Auge. Haftverkürzung wegen guter Führung unter anderem.

Ich sehe keine Waffen, auch nicht Handschellen bei den Aufsehern. In der Toilette hängen Kalebassenkeulen. Hm. Die Häftlinge gehen im Büro aus und ein. In vielen Räumen laufen Schulungen, Computerkurse, Englisch, Literatur. Eine Gruppe ist dabei, zusammen mit einem Universitätsprofessor, ein Buch zu verfassen. In sengender Sonne wird Basketball gespielt. Ich könnte mir vorstellen, dass die Häftlinge genau so ein Leben sich wünschten, mit so vielen Möglichkeiten im Leben jemand zu sein, doch vor den Mauern, in Freiheit.

Das Frauengefängnis am Rande von Managua ist klein, in etwa 120 Frauen sind inhaftiert. Eine junge Frau fällt mir besonders auf. Sie ist blond, weiß. Ich spreche sie an, auf Spanisch, frage, woher sie komme. Sie sagt, sie sei Rumänin. Viele Rumänen können Ungarisch. Ich spreche ein wenig Ungarisch und obwohl die Rumänin fließend Spanisch spricht, ich weiß nicht genau wieso, spreche ich sie nun auf Ungarisch an. Da antwortet sie mir auf Ungarisch und wir setzen unser Gespräch unter dem großen Mangobaum in unserer Geheimsprache fort, wir sprechen Ungarisch im Frauengefängnis zu Managua, Nicaragua. Seit 3 Jahren wohnt sie hier, lebt sie hier. Noch 6.5 Jahre muss sie bleiben. Es gibt keine rumänische Botschaft und kein Konsulat in Nicaragua. Zwei Mutter Theresa Schwestern bringen Pakete für jede inhaftierte Frau mit Hygieneartikeln und Süßigkeiten. Die Wärterinnen verweigern der Rumänin das Paket wegen Aufsässigkeit. Sie schimpft und zieht Grimassen. Warum sie hier ist? Sie wurde am Flughafen von Managua von der Polizei im Besitz von Drogen aufgegriffen.

Hamaca

Es ist ein klares Wort, „ha-m-a-c-a". Ein indianisches Wort. Schade, dass wir es nicht übernommen haben, da es doch so viel klangvoller ist. Nichtssagend dagegen unsere „Hängematte", auch wenn sie zu erklären vermeint, zu was sie nütze sei.

Wie gut, dass uns für „Tomate" nichts anderes eingefallen ist, nichts für „Anorak", für Lama und Coca.

Nein, die „Hamaca" ist keine „Matte" die „hängt", sie ist...

Sich leicht wiegendes Sein zwischen zwei Bäumen, deren Blätterkrone den Blick nur stellenweise auf Unbeschreibliches frei gibt. Auf einen nachtschwarzen Himmel mit vom Kleinen Prinzen blankgeputzten Sternen. Warum sind sie so groß, zum Greifen nah? Bin ich dem Himmel näher gekommen, bin ich im Himmel?

Die Hamaca ist eine Wiege für Kinder und Erwachsene. Solange ich wach bin, will sie sich bewegen, erst wenn ich eingeschlafen bin, wird sie zum ruhigen Bett.

Die Hängematte, nein, die Hamaca, modelliert mich in Inhalt und Form. Ich werde zu dem, was sie vorgibt. Manchmal lässt sie mich übermütig werden, ausgelassen. Mit weitem Schwung schaukelt sie mich unvorsichtig wild, gleich einer Barke bei gischtigem Wellengang. Alterslos jung werde ich in ihr, draufgängerisch jung, auch körperlich.

Ein andermal ist sie sanft zu mir. Sie schmiegt sich an mich, sie wiegt mich leise, leicht. Wie sollte mein Gemüt nicht ebenso sanft werden, mich nicht die absolute Stille im Raum hören lassen, mich nicht das gleißende Flimmern weißen Lichtes, als sei ein Engel eingetreten, hautnah fühlen lassen? Ich vermag nicht mich ihrem Einfluss zu entziehen. Wehrlos ergebe ich mich in mein glückliches Schicksal ihr begegnet zu sein. Erst in ihrem Heimatland habe ich sie wirklich erkannt.

Hitze

Nicht weil es kalt ist sind wir angezogen, sondern weil die Sonne brennt, einem Feuer gleich. Diese Notwendigkeit kommt der kulturellen Gepflogenheit, auch beim Baden bekleidet zu sein, sehr entgegen.

Es ist nicht allein die Sonne, die mich die Hitze spüren lässt, viel mehr noch eine fassbare Wand aus Luft. So spürbar wie unsichtbar hat sie sich mir genähert. Jetzt kann ich sie berühren, aber wegen ihres Gewichtes vermag ich sie nicht wegzuschieben. Sie hat mich, wie Bernstein das Insekt, eingeschmolzen in einen durchsichtigen Stoff. Gleich einer gläsernen Schiebetür wandert die Wand weiter, lässt mich frei. Ich bin aufgelöst, nur noch Salz und Schweiß.

Ich will mit dem Bus nach Hause fahren. Um 16.00 ist Abfahrt. Schon jetzt, eine halbe Stunde vorher, ist er berstend voll besetzt mit Mensch und Tier und Gepäck. Die weitaus größere Zahl der Mitfahrenden muss stehen. An manchen Tagen wird auch auf dem Busdach gereist.

Der Bus kocht, ich koche, wir. Die Limonadenverkäuferinnen quetschen sich durch den Gang. Alles würde man ihnen abkaufen, solange es nur flüssig ist. Sie stellen uns sofort auf die Probe mit ihren vielfarbigen Getränken, die meiner Vorstellung von Gift ausgesprochen nahe kommen. Sie schmecken auch nach Gift, die Süße vermag nicht hinwegzutäuschen. Und doch sind wir alle süchtig danach, und die Folgen sind uns, wie jedem Abhängigen, gleichgültig. Meine Lieblingsdroge heißt "Cola", Plastiktüte hin oder her. Aber die Geschmäcker sind verschieden. Vielleicht geht es gar nicht um den Geschmack, sondern tatsächlich nur um die Farbe.

Die Sonne hat kein Mitleid mit der Erde. Sie lässt sie rissig werden, pulverisiert sie. Der Wind wirbelt das ockerfarbene Pulver auf, trägt es durch die offenen Fenster des Busses, bedeckt uns alle mit farbigem Staubzucker. Wir müssen husten. Wer ein Tuch hat hält es sich vor den Mund. Ich schreibe Graffiti auf den Rücksitz vor mir. Jetzt ist alles beschreibbar. „¿Que calor, verdad?" Ja, das ist die reine Wahrheit, es ist heiß, sehr, sehr heiß. Das Huhn sagt das auch.

Kakao-Kaffee

Die Früchte des Kakaobaumes sind schön. Vielleicht ist das der Grund, weshalb Schokolade so gut schmeckt, wenn es gelingt, ihre Schönheit in Schokolade zu verwandeln. Man gab dem Kakao, wie ich finde, einen klugen wissenschaftlichen Namen, Theobroma, "Götterspeise". Es scheint, als habe sich die Wissenschaft ehrfürchtig vor der Kakaopflanze verneigt und Mayas und Azteken Respekt gezollt, für die Kakao ein Gott war. Sie hatten den Baum kultiviert, um seine Früchte als Nahrungsmittel, als Medizin, zu religiösen Zeremonien und als Währung zu verwenden. Dieses Mal freue ich mich, dass ich mich gut belesen habe.

Ich gehe mit dem Kakaobauern durch seinen Kakaogarten. Ich darf eine reife schwere Frucht vom Baum pflücken. Ebenso wie die Kalebassen kommen die Früchte aus dem Stamm oder den Ästen. Ist das möglich? Es fällt mir schwer etwas zu glauben, was ich nicht kenne. Aber doch sehe.

Kakao ist den Menschen zugetan, ständig verschenkt er seine Früchte, das ganze Jahr über. Aber er will liebevoll behandelt werden, will im Schatten stehen, will mit anderen Pflanzen und mancherlei Getier viel Zeit verbringen. Er ist gesellig. Er muss Menschen finden, die ihn verstehen. Er wird es ihnen göttlich danken.

Ich denke, sie sind verschwistert, Kakao und Kaffee. Der Biologe, den ich lieber nicht frage, würde mir sagen, dass ich mich mit den Verwandtschaftsverhältnissen nicht sonderlich auskenne.

Ich liege in meiner Hängematte und werde – von wem? geschaukelt. In der Hand eine Tasse zuckersüßen Kaffees. Auf dem Ast über mir sitzt ein "guardabaranco". Tötet man ihn, den Nationalvogel, muss man für viele Jahre ins Gefängnis, heißt es. Das ist nur gerecht.

Aber zurück zum Kaffee. Wer bietet mir in Turin, bei einem exzellenten Illi-Expresso, was mir mein tägliches Leben in diesem Kaffeeland schenkt? Für keinen noch so ausgeklügelten, doktoralen Kaffee würde ich meinen Kaffee eintauschen wollen. Aus einer Tasse, die Andy Warhol nicht untergekommen ist. Sie hat eine kleine Scharte und warnt vor Aids.

Kinder

gnacio Antonio wird geboren. Seine Mutter ist 14 Jahre, der Vater 17. Mit Kaiserschnitt kommt Ignacio zur Welt, man hat die Mutter mit der Ambulanz geholt. Er ist gesund und kräftig. Da die Mutter keine Milch hat, muss Milchpulver für ihn besorgt werden. Die Eltern bemühen sich nach Kräften alles richtig zu machen, aber es fehlt an Geld. Wer kann springt ein. Und Ignacio gedeiht und wächst.

Und dann kommt die Grippe, auch zu Ignacio. Er wehrt sich nicht. Er stirbt. In einem winzigen Sarg tragen ihn die Eltern zum Friedhof. Sie sind benommen, wortlos. Allein.

Ich spiele mit den Kindern Fußball, mit Mädchen und Buben. Wie die wilde Jagd. Wir lachen und schreien, gewinnen und verlieren, sind gänzlich außer Atem. Alle wollen wir, dass es nie aufhören möge - das Spiel. Es ist kein Lederball hinter dem wir um unser Leben laufen. Er ist nicht einmal rund, er ist so etwas Ähnliches wie ein Ball. Aber unsere Freude, hinter diesem Ähnlichen herzulaufen, ist grenzenlos. GOOOL.

Ich habe einen kleinen Freund. Er heißt Jordy. Jordy steht sehr frühmorgens auf. Er geht sich unten am Brunnen waschen. Dann kommt er zurück, um seinen Kaffee zu trinken, ja, und sein Brot zu essen. Es heißt „pan", Brot, aber es ist ein süßes Hefeteilchen. Niemand außer ihm hat ein Anrecht darauf, nur er, und niemand vergisst je, ihm Brot aus der Stadt mitzubringen. Wir anderen essen Bohnen und Reis. Es ist 5.30, die Sonne geht auf. Jordy macht sich vergnügt auf den Weg zur Schule.

Und oben auf dem Hügel über uns wohnt meine kleine Freundin. Sie hat mich angesehen, stillschweigend sah sie mich lange an. Dann lief sie nach Hause und kam mit einem Paket voller Sesam zurück. Para tí, für dich.

Ich bin den Sternta-lerkindern begegnet. Sie saßen am Boden und klopften Steine zu Pulver. „Warum macht ihr das"? „Wir suchen Gold". Das Haus ist ohne Licht. Ich kann es verbergen, dass mir die Tränen über die Wangen laufen.

Kochen

U nsere Küche ist fensterlos. Ein weißer Lichtstrahl fällt durch die Eingangstüre, dringt aber nicht bis zum Kochherd aus Lehm mit seinen zwei offenen Feuerstellen. Hohe blutorangerote Flammen schlagen aus ihnen empor und beleuchten schemenhaft Emperatriz Gesicht, die die Tortilla mit bloßen Händen auf der glühend heißen Tonschale wendet. Und wieder tauchen Bilder niederländischer Maler aus längst vergangenen Zeiten, der Farbgebung ihrer Gemälde wegen, in meinem Kopf auf.

Die Hunde, die Katze, die Hühner schauen vorbei. Jeder findet etwas für sich, Maiskörner am Boden die Hühner, eine Tortilla, schnapp, weil wir nicht genug aufpassen, die Hunde. Auch die Katze hat rätselhaften Erfolg. Das Schwein schläft wunschlos im Eingang zur Küche.

Der Herd hat keinen Kamin, er gleicht einem Lagerfeuer. Der Rauch kann nur an wenigen Stellen etwas durch das schadhafte Dach entweichen. Im Laufe der Jahre hat er die Küche sichtbar ausgekleidet,

Schicht für Schicht, immer wieder mit ein und derselben schwarzen Tapete. Die Ärztin am Krankenhaus sagt, die Lungen der Köchinnen sehen ebenso schwarz aus wie ihre Küchen, auch die ihrer Kinder. Ein Kettenraucher sei weniger gefährdet als sie, und so gäbe es keine Frau, die auf einem Holzofen ohne Kamin koche, die nicht an einer Lungenkrankheit, einer Augenerkrankung oder unter Asthma litte.

Nach dem Sonntagsgottesdienst in Managua bin ich mit einer Kirchgängerin in ein interessantes Gespräch vertieft. „Wie kommt es, dass ich Sie noch nie gesehen habe"? „Wissen Sie", sagt sie, „ich bin schwer lungenkrank, weil ich mein ganzes Leben lang mit offenem Feuer und ohne Kamin gekocht habe. Der Rauch hat meine Lungen zerstört. Es ist mir oft zu beschwerlich zu kommen".

Da erzähle ich ihr von unserem bereits begonnenen Projekt, energieeffiziente Kochstellen mit Kamin in den Gemeinden aufzubauen, die Holz einsparen und die Küche rauchfrei halten. Sie ist hellauf begeistert und sagt: „Es wäre solch große Freude, wenn es die Kinder besser hätten als wir."

Landschaft

Wenn ich mein Handy benützen will, dann wandere ich auf diesen Hügel und tatsächlich, ich bin nach mehreren Versuchen mit Managua verbunden. Von hier oben sehe ich kein Haus, nur steppenartiges Land. Sollte ich raten, wo ich mich befinde, ich glaube, ich hätte auf Afrika getippt. Steppenartig deshalb, weil wir mitten in der Sommerzeit sind, und seit Monaten kein Regen gefallen ist. Nicht ein Tropfen, sechs Monate lang. Die wenigen grünen Bäume sind Tiefwurzler, zum Beispiel Mahaghoni, und werfen ihre Blätter niemals ab.

Fällt der erste Regen, kann ich dem Wachsen, dem Blühen und Grünen zusehen. Von einem Tag auf den anderen ist die Landschaft nicht mehr wiederzuerkennen. Ich werde völlig orientierungslos. Wo ist der Vulkan? Bin ich auf dem falschen Hügel, habe ich mich verlaufen? Ich komme nicht voran, ich bräuchte eine Machete. Aber wieso grüne Hölle? Nein, mit einer Hölle hat meine Umgebung nichts zu tun.

Wir säen und ernten beinahe gleichzeitig. Wie sagte schon mein Großvater, auch er war Landwirt: „Dem Bauern und dem Gärtner bleibt, was das Wetter und die Schädlinge übriglassen.

Die Ranke einer Luftkartoffel wächst jede Nacht 15 Zentimeter. Die Früchte der Papaya werden schwerer und schwerer.

Es ist bislang ein gutes – halbes – Erntejahr, denn wir werden zwei Ernten haben. Der Mais gedeiht, der indianische Weizen. Auch *ajonjoli*, Sesam. Die kleinen Felder der Menschen, die hier leben, strukturieren die freundliche Landschaft. Der begehrliche Blick einer multinationalen Firma hat den Reichtum erkannt, der noch vielen gehört und nur einem gehören möchte, und wird in Person vorstellig. Wie schwierig es ist, das fadenscheinige Angebot abzulehnen, wenn die Not groß ist.

Und dann kommt eine harte Zeit für uns. Der Regen war zu stark gewesen und hat allen Samen ausgewaschen. Aber wir lassen uns nicht entmutigen, bereiten die Beete nochmal vor und säen nochmal ein. Unsere Geduld wird belohnt und findet in einem kleinen Sketch anlässlich des Erntedankfestes seinen Ausdruck.

Pedro zu seinem Freund Francisco: Ich gehe nach Honduras, um Arbeit zu finden. Hier kann ich meine Familie nicht ernähren.

Francisco zu Pedro: Nein, bitte bleib hier, du bist doch mein bester Freund. Außerdem mag ich dich lieber als meine Frau.

Gelächter

Pedro: Gut, ich bleibe.

Aber Pedro geht nach Honduras, er brachte es nicht über sein Herz, seinem Freund Francisco die Wahrheit zu sagen.

Pedro wird bei seiner Arbeitssuche oft abgewiesen. Dann findet er eine Anstellung in der Zuckerrohrernte. Er arbeitet viel, er verdient wenig. Das Wenige, das er verdient hat, nehmen ihm Diebe. Pedro kommt mit leeren Händen nach Nicaragua zurück.

Pedro trifft von neuem seinen Freund Francisco. Er hat Angst vor seiner Frau, der er nichts mitgebracht hat.

Francisco zu Pedro: „Das macht nichts, ich habe in der Zeit, die du weg warst, große Ernte gehalten. Bringe deiner Frau diese Kürbisse, die Zuckermelonen und die Wassermelonen, Tomaten und Paprika. Und wenn wir in Zukunft gemeinsam anbauen, dann musst du nie wieder weg, denn wir werden den schönsten Garten besitzen, mit Obst und Gemüse in Hülle und Fülle für unsere Familien".

Und so leben sie noch heute, obwohl es kein Märchen ist.

Menschen

Was weiß ich von euch?

Es war Geburtstag und die Mutter wurde 88 Jahre. Die Tochter kam mit einem kleinen Blumenstrauß gratulieren.

Wer in Nicaragua 88 Jahre ist, hat 50 Jahre Diktatur erlebt. Davon spricht die Mutter, ohne dass ich gefragt hätte. Ich spürte es: Jetzt oder nie. Und da sie nicht auf der Seite der Herrschenden war, hat sie Schlimmes erlebt. Mir kommt mein Besuch von El Fortín in den Sinn, der Folterkammer des Somozaclans bei León.

Mutter wie Tochter sind ihr Leben lang arm geblieben. Mit ihren Männern hatten beide kein Glück.

Santiago stand auf der anderen Seite, bekämpfte den Diktator und seine Anhänger. Heute ist er 42.

Der tägliche Morgenappell begann mit den Worten: „Das Gewehr ist ihre Mutter, das Gewehr ist ihr Gott". Schüchtern sagt Santiago: „Aber man hatte doch auch Gefühle".

Und dreizehn Jahre arbeitete Santiago illegal in Costa Rica und den USA. Ich kann es mir nicht vorstellen wie es ist, ständig verunsichert zu sein. Sie brauchen dich, aber sie lieben dich nicht.

Rosa und ihr Mann mussten, um ihrer Kinder Überleben willen und ihretwillen, auf den Zuckerrohrfeldern arbeiten. Dreimal am Tag gab es eine Bohnenmahlzeit. Nur Bohnen. Die Mäuse hatten das Essen auch entdeckt, aber wollte man nicht verhungern, dann musste man es übersehen, was die Mäuse in ihrem vermeintlichen Futter hinterlassen hatten.

Vier ihrer Kinder sind verhungert. Ein Sohn ging in die USA. Sie haben ihn nie wiedergesehen.

Granada ist eine schöne Kolonialstadt mit vielen Häusern aus längst vergangenen Zeiten. Doña Rositas Haus ist besonders schön. Es hat einen Innenhof mit einem Gärtchen, in dem in Käfigen sprechende Papageien sitzen. Der einzig freie Vogel ist ein

Kolibri. Er kommt die Hibiskusblüte und mich besuchen.

Im Haus leben zwei Frauen und der 11-jährige Franco. Franco? Esperanzita, die Hausangestellte, schläft außerhalb. Wenn sie morgens um 6.00 kommt, war sie schon zum Einkauf auf dem Markt gewesen. Esperanzita kocht, wäscht, räumt auf. Wenn ich komme und klingele, ruft Doña Rosita nach ihr, gleichgültig wie weit sie selbst vom Eingangsgitter entfernt ist: Esperanziiiiita! Und Esperanzita antwortet mindestens fünfzig Mal am Tag: ¡"a la orden"!, zu Befehl!

Ich kann abends nicht mehr ausgehen, weder ins Theater noch ins Kino im „Haus der Drei Welten", da Esperanza auf mich warten muss, um mir aufzumachen. Einen eigenen Schlüssel bekomme ich nicht. Ich möchte nicht, dass Esperanza um 21.00 alleine nachhause geht, denn sie hat einen weiten Weg in einen Vorort Granadas. Ist es ein und dieselbe Stadt?

Ich bin eingeladen von Esperanzas Familie. Wir nützen ihren einzig freien Tag und fahren mit dem Bus am Ufer des Cocibolca die Halbinsel Granadas hinaus. Der Cocibolca ist sehr groß. Dort, wo ihr Vater uns mit dem Ruderboot erwartet, liegt ein vergessenes Holzboot auf dem Land, ein Passagierschiff. Es wirkt auch wie aus kolonialer Zeit, genau wie das Mobiliar aus Mahaghoni, die Schränke, Tische, Schaukelstühle bei Doña Rosita und ihrer Tochter. Wie heißt das Schiff? Fitzgeraldo?

Der Vater rudert uns zum Inselchen. Es ist eines von über dreihundert. Felsig. Mit riesigen Mangobäumen bewachsen. Ein paar Bananenstauden hat Esperanzas Familie angebaut, Vater, Mutter, eine verheiratete Schwester mit ihrem kleinen Sohn. Leben können sie nicht davon, auch nicht von den wenigen Fischen im See. Auch wenn er groß ist. Sein Bestand hat sich nach der Überfischung in früheren Zeiten nie mehr richtig erholt.

Fast alle Inseln sind in ausländischer Hand. Wir rudern zur Nachbarinsel, die von der Familie betreut wird. Ein Traum von einem Haus steht auf ihr. Wunderschön, mit einer überdimensionalen Veranda, die einen meditativen Blick frei gibt auf den Vulkan Mombacho. Er ist bewaldet bis auf die Höhe, also keine strenge Zenmeditation, er ist nicht San Cristóbal.

Die Insel gehört seit Jahren einem Dänen. Mir wird erzählt, dass er noch nie länger als zwei Wochen im Jahr auf seiner Insel war.

Esperanzas Familie hätte finanziell ausgesorgt, hätte sie ihre Insel verkauft. Sie waren standhaft und wollen es bleiben. Aber es ist schwierig, „Nein" zu sagen, wenn Esperanza in hundert Jahren nicht so viel Geld verdienen könnte, wie ihre Familie durch den Verkauf ihrer Heimat bekäme. Doch hätten sie wirklich ausgesorgt?

Musik

Melesio kann weder schreiben noch lesen, auch keine Noten. Aber er kann musizieren, er hat es sich selbst beigebracht. Da beinahe alle Saiten der Gitarre gerissen sind und aus Geldmangel kein Ersatz vorhanden ist, bespannt er sie, es ist kaum zu glauben, mit Radspeichen. Ja, Not macht wirklich erfinderisch.

Maryan hat Geburtstag. Wir stehen früh auf und singen ihm vor seinem Fenster in Begleitung von Melesio auf der Gitarre einige Strophen des hübschen nicaraguanischen Geburtstagsliedes.

Canción de cumpleaños

Despierta, ven despierta.

      Wach auf, wach auf.

Mira que ya amaneció,

      Sieh, es wird schon Tag,

ya los pajaritos cantan,

      und die Vögel singen schon,

La luna ya se metió.

      Der Mond ging schon unter.

___

Que linda está la mañana

      Wie lieblich ist der Morgen

En que vengo a saludarte.

      An dem ich dich begrüßen komme.

Venimos todos con gusto y placer de felicitarte.

      Alle kommen wir gerne und mit Freude,
      um dir zu gratulieren.

El día en que naciste, nacieron todos los flores,

      Am Tag, an dem du geboren wurdest,
      begannen alle Blumen zu blühen,

Y en la pila del bautismo cantaron los Ruis señores

      Und am Taufbecken sangen die Nachtigallen

Ya viene amaneciendo con la luz del día.

Jetzt beginnt es schon zu tagen.

Levántate de mañana mira que ya amaneció.

Steh auf, sieh der Tag ist angebrochen.

———————————————

————————————————————

Das Geburtstagsständchen beschließende „Hoch soll er leben" heißt hier: „Wir hätten gerne einen Kuchen, auch wenn es nur ein Stückchen sein sollte."

Im Schatten der Bäume und im Schutz vor der Sonne spielt und singt heute Santos die Vergangenheit in die Gegenwart:

„Ay Nicaragua, Nicaragüita, la flor más linda de mi querer"….

"Ach, Nicaragua, Nicaragüita, die schönste Blume meiner Liebe"

"Pero ahora que ya sos libre, Nicaragüita, yo te quiero mucho más".

"Aber jetzt, da du frei bist, Nicaragüita, liebe ich dich noch viel mehr."

Sicher, es ist immer auch ein Musizieren und Tanzen auf den Vulkanen, egal ob Cumbia, Salsa oder leisere Gitarrenklänge. Auch Nicaragua ringt um Lebensfreude.

Politik

ch bin in Managua. Es sind Präsidentschaftswahlen. Sandino verfolgt mich auf Schritt und Tritt und auch Daniel Ortega, sein Alter Ego. Mit Gattin.

Er, also Sandino, nein Ortega, ich beginne sie schon zu verwechseln, steht auf Bäumen, lehnt an jedem Laternenpfahl, geht an allen Wänden entlang, die er finden kann, schwebt vom Himmel, reist im Bus mit, steigt mit mir aus, geht mit zum Essen an der Straßenecke, zum Einkaufen auf den Markt. Meist schwingt er ein schwarz-rotes Fähnchen. Sollte er mal nicht anwesend sein, was selten vorkommt, dann ist das Fähnchen sein Stellvertreter.

Im Fernsehen hat Daniel, er will so genannt werden, alle Rollen auf jedem Kanal besetzt. Es soll ein Stück in kommenden Zeiten aufgeführt werden, das nur ein Happy End zulässt. Raúl und Hugo (mittlerweile verstorben) sind die Mitspieler. Die Statisten

dürfen in und auf den Bussen zu ihm in die große Stadt fahren. Sie huldigen ihm, Daniel, dem großen Revolutionär vergangener Zeiten. Heute ist seine Familie die reichste Familie Nicaraguas. Und die Mitbewerber für das Präsidentenamt? Zwei ältere steinreiche Herren, die sich nicht gut verkaufen ließen, obwohl der Unterschied zu Daniel Ortega ein geringer zu sein scheint.

Daniel gewinnt die Wahlen unter ausländischer Beobachtung. Ob er lieber „Augusto César" hieße, genauso wie Sandino, statt „Daniel"?

Regen

Es regnet seit 11 Tagen ohne Unterlass. Mein Bett ist ein Fluss-bett mit Gumpen und kleinen trockenen Sandbänken, verwirbelten fließenden Rinnsalen, wie sie das Hindernis des Betttuches erzwingt. Ich mache mich klein wie ein blinder Passagier, aber die Tropfen entdecken mich, sie fallen in regelmäßigem Takt auf meine Wange: adagio, andante, presto. Das schnelle Tempo lässt den Tropfen keine Pause mehr zu. Sie werden zu Wasserschleiern, zu strömendem Regen.

Und draußen, vor der Türe? Dort regnet es nicht, dort fällt ein Meer vom unsichtbaren Himmel. Ich tauche von einem Haus zum anderen. Das geht nicht mit einem Regenschirm. Es ist ja auch kein Regen mehr, allenfalls Regenwände.

Unser Flüsschen schwillt an, wird gefährlich. Andere Flüsse

schwellen an, fordern Opfer. Eine Frau ertrinkt mit ihren drei Kindern, als sie mit ihrer Stute den Fluss überqueren will.

Der Mann hält bei seinen Tieren aus. Es ist zu riskant ihm Essen zu bringen. Die Frau weint.

Jairo sattelt sein Pferd, denn unsere zehnköpfige Familie hat nur noch Mais im Haus. Morgens um 7.00 reitet er in die kleine Stadt und kommt bei Dunkelheit, hoch bepackt, zurück. Pferd und Reiter sind wie aus dem Wasser gezogen und vollkommen erschöpft, denn der Regen hatte den Tag über nicht nachgelassen.

Er berichtet, dass die Polizei über viele Kilometer der Panamericana entlang einen Kordon gebildet hat, damit die Trailer aus Honduras nicht von der Straße abkommen.

Es gibt keinen Busverkehr mehr. So gehen wir vier Stunden zu Fuß zur Stadt. Die Straße ist unbeschreiblich, die Furten tief. Ich ziehe meine Schuhe nicht mehr aus, das Wasser reicht mir bis zu den Hüften.

In ganz Nicaragua wurde der Notstand ausgerufen. Zuhause in Deutschland hat man nichts dergleichen gehört. Hier werden Lebensmittelpakete verteilt, kleine Unterkünfte für Menschen, die obdachlos geworden sind, errichtet. Die Schlaglöcher auf den Straßen sind viele Meter groß und metertief. Noch Wochen nach dieser Sintflut kommen uns die Lastwagen mit hoher Geschwindigkeit wie Geisterfahrer auf der eigenen Spur entgegen. Im letzten Moment weichen sie aus, schlingern, drohen zu stürzen wie schon so viele. Sie säumen den Straßenrand, auf der Seite liegend, auf dem Rücken, wie vergrößerte Riesenkäfer.

Wie eine Brücke überquert die Straße einen nicht enden wollenden unbekannten See. Auf Inseln stehen Haus und Rinder. Wie viel Angst Mensch und Tier gehabt haben mag.

Río San Juan

Das ist er, der Río San Juan in Nicaragua. Er gehört ganz zu Nicaragua. Ihm sagt das nichts. Er weiß um diese Streitigkeiten mit dem Nachbarland, doch kümmert er sich darum nicht. Er ist mit seinem Fließen beschäftigt. Gestern, heute, morgen.

Er hat viel gesehen und viel erlebt. Nichts hat er vergessen, obwohl manche Erinnerung sehr weit zurück liegt. Da gab es Zeiten, da er noch nie einen Menschen mit heller Haut gesehen hatte. Götter waren sie für ihn nicht, dazu ist er ihnen zu nahe gekommen.

Die Menschen, die er besser kannte, lebten an seinem Ufer. Sie setzten sich, mal am Tag, mal in der Nacht, in hohle Baumstämme und begleiteten ihn eine Weile. Er beschenkte sie im Übermaß, denn er besaß im Übermaß. Sie bedankten sich bei ihm, nützten seine Freigebigkeit aber niemals aus. Er liebte es an ihren kleinen Hütten vorbeizuziehen, die Feuer brennen zu sehen. Ihn liebten besonders die Kinder. Stundenlang spielten sie mit ihm, tauchten in ihn ein, tauchten aus ihm auf. Sie kreischten und hüpften vor Vergnügen. Die Größeren schwammen mutig ans andere Ufer, gingen an Land. Es war ihr Fluss, ihr Land, hier wie dort.

Zur Zeit wird eine große Straße auf Costa Ricas Seite am Flussufer entlang gebaut. Man beschwert sich, die UNO muss sich damit beschäftigen. Doch selber baut man auch Straßen. Für die große Brücke über den Fluss hat man sich japanische Ingenieure ins Land geholt.

Der ganz große Traum, den Río San Juan in eine Zwangsjacke zu zwängen, von einem Meer zum anderen, um ihn belastbar zu machen, gebrauchsfähig, ist noch nicht ausgeträumt. Dann hätte man einen Kanal, aber keinen heiligen Fluss mehr.

Telenovela

Die Sonne fällt seitlich des rauchenden Vulkans ins Nichts, zaubert die Nacht herbei. Ob es Marihuana ist, was San Cristóbal, vollkommen abhängig, sich besorgt hat. Schließlich steht er in einem Drogendurchgangsland. Die Beschaffung dürfte ihm nicht schwer gefallen sein.

Die Solarzelle bringt den Fernseher zum Schneien, obwohl es doch 35° im Raum hat. Die Zuschauer kommen einer nach dem anderen schweigend herein, suchen eine Sitzgelegenheit, einen der bunten Plastikstühle. Glücklich, wer Platz in der Hängematte findet. Die goldbraunen Lehmwände malen goldbraunes Licht auf die Gesichter der Anwesenden. Rembrandt ist unter uns.

Schöne Frauen erscheinen abwechselnd auf dem Bildschirm, tapfere junge Männer. Welche Frau gehört zu welchem Mann, welcher Mann zu welcher Frau?

Der Fernseher muss in regelmäßigen Abständen ausgeschaltet werden, denn der Ventilator ist kaputt. Wir verlieren die Übersicht über die Liebschaften, obwohl die Winterlandschaft wieder zu uns zurückgekehrt ist. So dürfen wir das glückliche Ende, für heute, miterleben, denn der Apparat hat sich, wie wir, an die Hitze gewöhnt.

Schweigend leert sich der Raum. Die Taschenlampen blitzen auf, die Hunde bellen, ein Hahn kräht in tiefer Nacht. Die Kröte rettet sich vor mir mit einem großen Satz ins Freie. Die Dunkelheit schluckt Form und Geräusch. Die Sterne blinzeln und wundern sich über unseren Geschmack.

Tortilla

M A. schüttelt sich vor Lachen, biegt sich vor Lachen hält sich den Bauch vor Lachen, verbirgt ihr Gesicht in den Händen. Ihr Körper lacht mit. M. A. lacht. In Pedros Teller geht etwas spazieren. Es ist Stromausfall in Santa Bárbara. Doch das Abendessen muss nicht warten, denn hier wird auch auf offenem Feuer gekocht. Wir sitzen auf der Straße, halten unsere heißen Teller auf dem Schoß. Es gibt Reis und Bohnen und ein Stückchen Fleisch, also nichts was laufen könnte. Aber in Pedros Teller läuft etwas Größeres mitten durch den „bemalten Hahn", das Nationalgericht Nicaraguas, „gallo pinto". Mit dem einzigen Licht, das zur Verfügung steht, dem Licht seines Handys, untersucht Pedro, was sich da bewegt. Ein Skorpion, ein munterer Skorpion. Wir sind hässlich zu Pedro, fragen ihn, wie denn die gebratenen geschmeckt hätten. Pedro nimmt es mit Humor, lässt den kleinen Lichtstrahl dem schnellfüßigen Tier folgen, kann es nicht glauben, denn nicht alle Tage bekommt man es mit einem lebendigen Essen zu tun.

M.A. ist ernst. Sehr ernst. Nein, heiraten wird sie nicht. Sie will nicht dasselbe erleben, was ihre beiden Schwestern, ein paar Jahre jünger als sie, erleben mussten. Reina, die Königin, wurde von ihrem Mann verlassen. Ihr Sohn hat seinen Vater nie gesehen. Lilas Mann hat während ihrer Schwangerschaft eine andere Frau vergewaltigt. Er sitzt für viele Jahre im Gefängnis. Im Nachbarland Honduras kennen 60% der Kinder ihren Vater nicht erzählt mir M.A.

M.A. steht in der Küche und klopft den Maisteig zu einer flachen runden Scheibe. Tok, tok, tok, drehen, tok, tok, tok, drehen. Ich kann die Uhr danach stellen, 4.20 morgens. Dann kommen die Tortillas eine kurze Weile auf eine Tonschale. Die Flammen züngeln aus dem Feuerloch des Erdofens, sie warten auf ihre tägliche Pflicht. Vierzig Tortillas sollen es wieder werden, wie alle Tage.

Die Vorbereitung des Teiges ist langwierig. Zunächst werden die Körner mit Asche gewaschen, um jedes Korn von einem Häutchen zu befreien. In einer Tischmühle wird der Mais anschließend gemahlen und auf einem Vulkanstein geknetet und ausgerollt.

Wie schön die Maispflanze ist, die diesen Reichtum verschenkt. Schlank und groß. Sehr elegant, mit hübschem Gesicht.

Eine einzige Maispflanze am Eingang eines jeden Haus legt in den Andenregionen Südamerikas Zeugnis ab, wie es seinen Bewohnern geht, den Maismenschen. Ist sie gesund und kräftig, in dunkelgrünem Kleid? Oder klein und vergilbt und trocken wie Papier?

Ein Tag ohne Mais bedeutet Hunger. Ich frage M.A., ob sie schon manchmal Hunger gehabt habe. Sie sieht mich an und sagt: Ja.

Tortuga

Eine der größten Schildkrötenwanderungen weltweit kann man in Nicaragua erleben. Ich habe sie nicht erlebt, aber meine Meeresschildkröte in der Hand gehalten, eine von 200.000-250.000, denn jede Schildkröte der 20.000-25.000, die an den 800m kurzen Strand kommt legt zirka 100 Eier.

Es ist ein unbeschreibliches Gefühl dieses kleine Gummitier zu halten. Auf meiner Hand sitzend erzählt es mir, dass es noch heute auf Wanderschaft gehen will. Zunächst wird es den Strand hinunter krabbeln und sich dann kopfüber in den Pazifik stürzen.

Die Schildkrötenmama war in den letzten 23 Tagen vor der Ankunft in der Heimat 1.900km weit geschwommen, und sie war nicht die schnellste gewesen. Die Tochter habe vor, in umgekehrter Richtung durch den Río San Juan zum Atlantik zu schwimmen, denn die Wasserwelt sei groß und bunt. Das wisse eine Schildkröte schon vor ihrer Geburt. So müsse es doch nicht Wunder nehmen, dass sie höchstes Reisefieber habe.

In seinem Ei, und das Ei in seinem Nest, war es so gemütlich warm, dass meine Schildkröte, meine Meeresschildkröte, ein Mädchen geworden ist. Die Schildkrötenbuben mögen es nicht so heiß und so wurden sie in diesem Nest, einem von 60.000, alle Mädchen.

Erst in 20 Jahren werden wir uns wiedersehen, denn obwohl das größte aller Wasserreptilien seine Heimat Nicaragua über alles liebt, will es sich erst mal die Meereswelten ansehen. Gute Reise kleine Lederschildkröte. Ich warte auf dich am Strand im Dezember 2032. Ob wir uns dann noch wiedererkennen, wenn du tatsächlich so tüchtig zugenommen haben wirst. 600 Kilogramm? Aber auch ich werde nicht mehr die gleiche sein. Dass du es schaffst an den Ort deiner Geburt zurückzukommen, bei dem 1% dabei bist, daran zweifele ich keinen Moment, auch wenn dir unendlich viele Gefahren drohen werden.

Die erste hast du schon überstanden, denn du bist dem Eierdieb entkommen. Ich habe dir gesagt, dass du dich vor Fischernetzen in Acht nehmen musst. Und bitte, verwechsle, auch wenn du noch so hungrig bist, keine Plastiktüte mit einer Qualle.

Du bist keine Suppenschildkröte, keine *chelonia mydas agassizii*, aber dennoch, aufgepasst!

Sie glauben mir nicht, dass das Lederschildkrötchen mit mir gesprochen hat. Dann haben Sie also noch nie das Glück verspürt, eine Meeresschildkröte in Ihrer Hand zu halten.

Nica, leb' wohl!

Tropen

Was sind sie mir, die Tropen? Traurig? Nicht, wenn sie Ferien bedeuten auf einer glücklichen Insel, ausgeblendet alles, was ich nicht sehen will. So erscheint sie mir: Eine Insel ohne Asphalt, ohne Autos, ohne Lärm. Lärm machen nur die Menschen mit ihren Stimmen und mit ihrer Liebe zur Musik. Raggae. Aber Raggae ist kein Lärm, sondern Taktvorgabe im Rhythmus des Lebens. Die Stimmen weich und warm, auch die Stimmen der Tiere.

Es droht Gefahr, wenn ich frühmorgens barfuß vor mein Haus trete. Die Kokospalmen tragen reichlich Frucht. Unglaublich, er klettert bis zu den Nüssen hoch, um mir eine von ihnen zum Frühstück zu bringen. Wie ich ihn um seine Geschicklichkeit beneide.

Da lag doch, in längst vergangenen Zeiten, eine Kokosnuss für mich unter dem Weihnachtsbaum. Meine erste Kokosnuss, ich hatte vorher noch nie eine gesehen. Es ist wirklich lange her. Ich kann das beweisen, denn würde heute irgendjemand nicht verstehen, sie zu öffnen? Uns ist es damals nicht gelungen. Noch fehlte der handwerkliche Wille, alles zu können. Sie war eines meiner schönsten Weihnachtsgeschenke.

Theatralisch der tropische Himmel bei Sonnenuntergang. Überwältigend. Unbescheiden. Die Stimmen der Menschen werden leiser, die der Tiere lauter. Die Affen brüllen tatsächlich.

Alles ist zu Fuß unterwegs, grüßt im Vorbeigehen freundlich die Fremde. Der Wegebau besteht im immer wiederkehrenden Gehen in zwei Richtungen und formt labyrinthisch verschlungene Pfade über die ganze Insel.

Andere sitzen auf der farbigen Veranda, mit ihresgleichen im Gespräch. Geht es um den heutigen Fischfang? Um die Sorge vor dem drohenden Wirbelsturm? Und da ist der Widerspruch. Das drohende Drama, das die Tropen in regelmäßigen Abständen heimsucht, scheint zur Gelassenheit zu erziehen. Es ist, als fehlte niemandem irgendetwas. Und was nicht da ist, scheint hier keinem Angst einzuflößen. Man trinkt ein wenig Rum, man raucht Verbotenes. Man tanzt. Auch in der Kirche. Die Glücksforscher suchen nicht weiter, wenn sie hier an Land gegangen sind.

Umwelt

Jeder Baum in den Tropen ist ein Tropenbaum. Lässt man ihn wachsen wie er will, wird er riesig groß und sein Holz hart wie Stein. Cenizero, Guanacaste, Caoba, Cedro, Ceiba.

Aber so stattlich er auch ist, und die Ceiba so stachelig, er ist verwundbar.

Täglich verbraucht unsere Familie 24 Kilogramm Holz zum Kochen. Eine Familie. Elektrischen Strom gibt es nicht. Schreitet die Abholzung in gleichem Maße in den kommenden Jahren fort, dann gibt es in Kürze keinen Wald mehr in Nicaragua.

Die Ceiba, der Weltenbaum für viele Völker Mittel- und Südamerikas, der die verschiedenen Ebenen der Realität durchbricht und die Möglichkeit bietet zu anderen Ebenen des Seins vorzudringen und mit den Ahnen Kontakt aufzunehmen, liegt im Sterben.

Nicht so im Plantagenanbau. Das aus ihm gewonnene Kapok findet als Füllmaterial für Rettungsringe und Schwimmwesten und als Polster- und Isoliermaterial Verwendung.

Was ist aus dir, 75 Meter hohe Ceiba, „axis mundi", geworden!

Aber was können wir tun? Wir wollen kochen, und dazu brauchen wir Holz.

Wie beschafft man sich Feuerholz:

- Man hat eigenen Wald. Doch die Bestände werden immer geringer.

- Man bedient sich beim Nachbarn. Im günstigsten Fall mit seiner Erlaubnis, in der Regel ohne sie.

- Man muss es kaufen. Nicht immer hat man Geld. Das angebotene Holz ist beinahe immer gestohlenes Holz.

- Man verwundet eigene und fremde grüne Bäume, da man bei der anschließenden Fällung trockener Bäume nicht mit dem Gesetz in Konflikt kommt.

- Man brennt, verboten oder nicht verboten, Wald nieder.

- Auch im 1.5 Millionen großen Managua wird größtenteils mit Holz gekocht. Man kappt die Alleebäume, man fällt sie.

Es sieht nicht sehr vertrauenserweckend aus, unser Trinkwasser. Wie dünner Tee. Wir nehmen mehrere Wochen prophylaktisch Antibiotika ein, um gegen Leptospirosis vorzubeugen. Zwar haben wir unser Brunnenwasser sehr gechlort, aber die tropischen Regenfälle lassen es ratsam erscheinen mehr zu unternehmen. Zudem kommen die Rinder an den Brunnen zum Trinken. Es gibt für sie keinen anderen Zugang.

Ich wasche meine Wäsche mit Seife im Fluss. Wir alle. Eigentlich täglich.

Wie lange geht das noch gut? Und dann?

Unterwegs

In Nicaragua geht man niemals spazieren. Man geht. Täglich, alle, und meistens sehr weit.

Du ziehst die Schuhe nicht aus, wenn du einen Fluss überqueren musst, der nächste wartet nämlich schon auf dich. Es dauerte nicht lange, da kam mir das so normal vor, als ginge ich auf einer asphaltierten Straße.

Die Kinder müssen frühmorgens zur Schule. Für manche ist sie weiter als eine Stunde Wegs entfernt, egal, ob du sechs Jahre alt bist, oder schon ein wenig älter. In unseren Breiten müssten sie erst gar nicht hingehen, hätten schulfrei, denn das Thermometer zeigt 38°. Im Klassenzimmer ebenso.

Der Bus kommt nicht, er ist wieder kaputt. ¡"Vamos"! Eine Stunde, zwei Stunden, drei Stunden, vier Stunden. Es fällt mir nicht schwer, aber zurück bitte erst morgen.

Niemals habe ich jemand klagen hören, wenn die Wege schattenlos waren, die Sonne heiß. Sehr heiß. Winter wie Sommer ist der Regenschirm in Nicaragua ein „sombrillo", ein Schattenspender. Wehe dir, wenn du ihn vergessen hast.

Wir haben Zeit für manches Gespräch. „Meine Frau ist zum Arbeiten nach Honduras gegangen. Es heißt, dass sie wieder geheiratet habe". „Eure Kinder"? „Die Kinder verließ sie, gottlob". Wir verstehen einander, nicht nur sprachlich. Wir haben viel Zeit zusammen zu schweigen, zu reden, zu lachen und sogar zu singen.

Und da und dort gibt es eine Tasse starken, süßen Kaffee. Über dem Herd hängt eine getrocknete Klapperschlange. Sie wird zu Pulver gemahlen und dem Kaffee beigefügt. Wenn man an den Nieren erkrankt ist. Bin ich nicht! Am Wegesrand, schon ein Ende weiter, ist ein kleiner Verkaufsstand von Doña Marina. Es gibt Wasser in kleinen Plastiktüten abgefüllt und dazu gönnen wir uns "Ranchitos", chilifeurige Chips. Ich werfe die Tüte nicht weg, aber dass alle anderen sie achtlos fallen lassen, ist mittlerweile nicht mehr mein Problem. Ich habe viel, viel größere kennengelernt.

Auf dem Rückweg kaufen wir einen Hahn. Ich klemme ihn mir unter den Arm und beginne auch ihm beizubringen, dass es keinesfalls nötig ist, das erste Mal um 2.00 morgens zu "singen". Singen?

Zuhause angekommen setze ich mich in meine Hamaca. Die Hunde begrüßen mich. Luz bringt mir ... einen Teller Bohnen mit Reis, ein Stückchen Käse dazu und eine Tortilla. Wir essen gemeinsam, nicht am Tisch.

Es wird Nacht. Die Stunde der Frösche ist gekommen. Es ist als rissen sie eine gespannte Metallseite an, immer wieder, unermüdlich. Alles um uns ist Saitenmusik mit der beruhigenden Wirkung von Klangschalen. Froschzauber. Ich bin wunderbar müde, ich schlafe ein.

Wohnen

Die meisten Häuser sind aus Lehm und auf Lehm gebaut. Andere wie dieses, aus Knüppeln und Brettern.

Ich schätze, dass sieben Personen dieses Haus bewohnen. Vielleicht mehr, vielleicht weniger. Es muss kein Hurrikan kommen, um es hinwegzufegen.

An was soll ich denken? Es ist so. Dennoch, ich kann mich der Flut von Bildern von nahezu unbewohnten weißen Villen, die dort stehen, wo ich herkomme, in meinem Kopf nicht erwehren. Und nicht der Sorge, dass es immer so bleiben wird, dort wie hier.

Nach jedem Wirbelsturm, nach Überschwemmungen und Murenabgängen springt neben zahlreichen Hilfsorganisationen die Regierung ein. Sie erstellt kleine Häuschen aus Zement, häufig an anderen Orten, so dass umgesiedelt werden muss, spendiert neue Matratzen. Tisch und Schrank haben die meisten nie besessen und müssen folglich auch nicht neu besorgt werden. Nur die Hauptstraßen erfahren eine Ausbesserung, die anderen Wege sind kaum mehr als solche zu erkennen, werden und bleiben nahezu unpassierbar.

Das Fernsehen zeigt auf den zahlreichen Kanälen der regierenden Partei ohne Unterlass die dankbaren Empfänger der Hilfsmaßnahmen. Welch eine Möglichkeit, da die Sintflut rechtzeitig kurz vor den Wahlen eintraf. Bei so viel Mitgefühl für das notleidende Volk ist der Wahlausgang klar. Ich stelle mir die Frage, ob, wie einst, unter einem anderen Präsidenten, die enorme Auslandshilfe nur zu einem Bruchteil dort ankommt, wo sie vorgesehen war.

Das, was für die Zukunft versprochen wurde, hat man nicht einhalten müssen, jetzt war man schon gewählt. Neue Naturkatastrophen sind dem Land im neuen Wahljahr sicher.

Zuhause

Eine Plastikplane macht einen Teil des großen Raumes zu meinem Zuhause. Das neu entstandene Zimmer hat ein Fenster, von dem aus ich unsere Rinderherde im Korral sehe, wunderschöne Kühe mit weit geschwungenen Hörnern und tiefgründigem, melancholischen Blick aus wissenden Augen. Es ist, als dächten sie an ihre Verwandten im fernen Indien. Sie flößen mir Ehrfurcht ein und ich wundere mich nicht, dass sie dort, wohin ihr Blick gerichtet ist, als heilig gelten.

Ein Mückennetz über meinem Bett rettet mich vor winzigen Moskitos, nicht aber vor dem Skorpion, der mich sticht, weil er dort sitzt, wo ich mich hinsetze, auf meinem Bett. Ein größerer klettert den Fensterflügel entlang. Es gelingt mir, ihn aus meiner

Einzimmerwohnung zu werfen. Ob er respektieren wird, dass hier für mehr als zwei Lebewesen eigentlich kein Platz ist?

Freundlich dagegen ein Huhn, welches mir täglich ein Ei schenkt. Mein Bett ist sein Nest. Eines davon bekommt die Bruthenne geschenkt und es dauert nicht lange und mein Küken schlüpft und wohnt seit seiner Geburt bei mir. Die Schlange, beeindruckend lang, sehr dünn, ganz ungiftig, muss genau wie der Skorpion weichen. Die Kröte darf bleiben. Auch die Taube. Sie dreht sich links, sie dreht sich rechts, sie gurrt. Sie scheint mit Ausdauer zu üben um sich nicht zu blamieren, wenn es ernst wird.

Ich sitze am Tisch und schreibe, also ist es nun ein Schreibtisch. Die Hühner picken an meinen Zehen, sie könnten ja essbar sein. Kurz vor der Dunkelheit fliegen sie hoch auf ihren Baum, denn sie wissen um die Gefahr lauernder Coyoten. Auch die Hähne. Warum krähen diese nicht, wie ausgemacht, erst wenn die Sonne aufgeht? Ich muss noch einmal ein ernstes Wort mit ihnen sprechen.

Ich habe Hühner noch nie, Amseln oder Spatzen gleich, so hoch auf Bäumen sitzen sehen, ganz ähnlich wie ihre Verwandten aus

Ton und Metall in anderen Welten auf Häusern und Kirchen.

Und wir haben ein dickes Schwein und ein kleines Schwein. So wie ich, immer hungrig und durstig. Weil ihre Vorgänger sich nicht gut betrugen, sich ständig in der Küche und im Wohnzimmer aufhielten, müssen diese, angebunden, büßen. Sie ertragen es mit der Geduld zweier Schweine solange nur das Fressen rechtzeitig kommt. Tja.

Caramelo ist krank, mein Lieblingspferd. Es liegt sahnebraun auf der gleichfarbigen Erde, ein schlechtes Zeichen. Ist der rechte Hinterlauf ausgekugelt? Jairo, wilder Reiter und Besitzer, radelt bei 40° über eine Stunde zum Tierarzt und ebenso lange und ebenso heiß zurück. Unser wildes Pferdchen ist, bei so viel Medizin, zahm und brav, aber nicht gesund.

Vier Hunde springen um mich. Sie sollen die Räuber abschrecken, die gerne möglichst viele Rinder ins nahe gelegene Honduras entführen würden. Canelo, zimtfarben wie sein Name, würde ich gerne nach Deutschland entführen. Er ist so höflich zurückhaltend, obwohl die Tortilla in meiner Hand ihm viel abverlangt. Würde er sich in der Fremde wohlfühlen? Er macht mir nicht recht den Eindruck.

Spurensuche
in Bildern

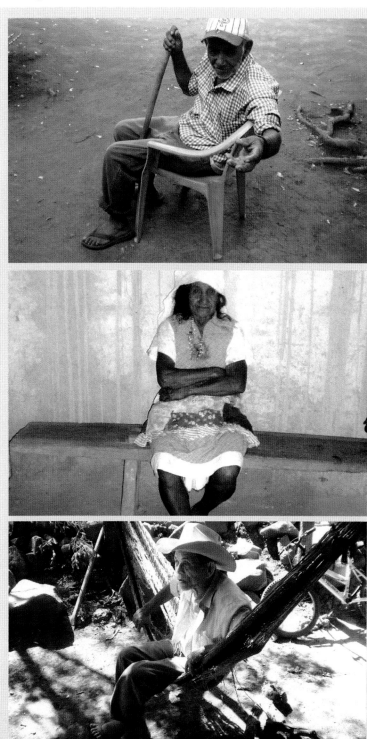

Zur Autorin

Renate Friederike Elsa Schmidt, 1945 geboren, verbrachte nach ihrem Romanistikstudium in Erlangen und Paris viele Jahre im Ausland, u. a. in Frankreich, Italien und Spanien. Heute lebt sie in Ungarn. Eine zweieinhalbjährige Reise, mit einem über einjährigen Aufenthalt in Lateinamerika führte sie nach ihrer Rückkehr in den 90er-Jahren zum Ethnologiestudium an die LMU nach München.

2011/2012 war Renate Schmidt für Mission EineWelt ein Jahr lang in Nicaragua.

Derzeit arbeitet sie an einem Buch zum Thema „Cigány in Ungarn".

Im *Erlanger Verlag für Mission und Ökumene* ist von ihr bereits das Buch „Santiagos Wege" erschienen.

Erlanger Verlag
für Mission
und Ökumene

Renate Schmidt,
Santiago Muñoz

Santiagos Wege

184 Seiten, broschiert
deutsch-spanisch
mit farbigen Abbildungen
ISBN 978 87214 541 3

Preis: 15,00 €

Santiago Muñoz aus Somotillo, Nicaragua, lernt in seiner Kindheit Hunger und Gewalt kennen. Um sich und seiner Mutter ein Überleben zu sichern wird er Kindersoldat im nicaraguanischen Bürgerkrieg. Dieser Krieg hinterlässt ein zerstörtes Land und zwingt Santiago zum Aufenthalt in Costa Rica. Durch illegale Arbeit schlägt er sich neun Jahre lang in der Fremde durch.

Sein letzter Weg, bevor Santiago in seinem Heimatland wieder Fuß fassen kann, führt ihn auf dem „Todeszug" quer durch Mexiko und über Sperrzäune in die Vereinigten Staaten. Ohne Aufenthaltsgenehmigung arbeitet er vier Jahre in den USA.

Santiagos Wege sind ganz ähnliche Wege wie die unzähliger seiner Landsleute, aber nicht alle kommen wie er ans Ziel.